Mord

Till den stackars måltavlan
för det som förmodligen blev
den här skriftens startskott.

Mord

Stefan Stenudd

arriba.se

Stefan Stenudd är författare på svenska och engelska, frilans-journalist, idéhistoriker och instruktör i den fridsamma japanska kampkonsten aikido, som han tränat sedan 1972. Som journalist har han bland annat recenserat böcker i Aftonbladet, musik och teater i DN, samt krogar i Sydsvenskan. Inom idéhistorien forskar han i skapelsemyters tankemönster och Aristoteles poetik. Han föddes 1954 i Stockholm men bor sedan 1991 i Malmö. Stefan har sin egen fylliga hemsida: **www.stenudd.se**

Skönlitteratur:
Om Om 1979, 1985, 2011, 2018
Den siste (Evigheten väntar) 1982, 2011, 2018
Tao Erikssons sexliv 1992, 2007
Zenit och Nadir, 2004
Tröst 1993, 1997, 2003
Ikaros över Brandbergen 1987, 2011, 2018
Drakar & demoner 1987
Mord 1987, 2018
Alltings slut 1980

Facklitteratur:
Bong. Tolv år som hemlig krogrecensent 2010
Tao te ching, taoismens källa 1991, 1996, 2004, 2006, 2012
Aikido, den fredliga kampkonsten 1992, 1998, 2011
Qi – öva upp livskraften 2003, 2010
Miyamoto Musashi: Fem ringars bok 1995, 2003, 2006
Aikido handbok 1996, 1999, 2004
Iaido 1994
Ställ och tolka ditt horoskop 1979, 1982, 1991, 2006
Horoskop för nya millenniet 1999

arriba.se

Mord
© Stefan Stenudd 1987, 2018
Text, omslagsbild och grafisk form av Stefan Stenudd.
Arriba förlag, Malmö, info@arriba.se, www.arriba.se
Tryckt av Amazon KDP
ISBN 978-91-7894-071-4

Välkommen!

Den här världen, har jag märkt, är en underlig plats att befinna sig på, vari min hjärna inte är den bästa tänkbara guiden.

På något sätt, någonstans i mitt väsens absoluta mittpunkt, tror jag mig förstå allting hur väl som helst. Där inne är allt solklart, det är jag övertygad om.

Men det är i själva mittpunkten, ett centrum som inte går att nå, gömt innanför lager på lager av missuppfattningar. Mitt medvetande, däremot, är vilse.

Det är väl som med en lök. Man skalar den, lager efter lager, tills man når dess mitt – bara för att finna den tom. Ingen nöt, ingen kärna, ingenting som förklarar alla dessa skal, som täcker hela diskbänken och får ögonen att tåras.

Ja, löken innehåller universums hemlighet. Jag vågar till och med påstå att löken är universums hemlighet.

Man kan förvisso blottlägga den, med handens och tankens redskap. Det kräver inte ens särskilt hårt arbete. Men man finner ingenting alls, och det får en sannerligen att gråta.

Egentligen är det väl ganska logiskt. Om man tar bort skalen, om man gräver sig ner till mittpunkten – ja, då är det ju inte längre en mittpunkt för någonting. Så det är ingenting. Det måste vara så. Vad annars?

Var ska en stackars människa, den största hjärnan bland primater, finna vägledning?

Så ibland begrundar jag mord.

Inte bara lökens mittpunkt är tom. Praktiskt taget allting är det, berättar vår vetenskap för oss. Om man tränger riktigt nära inpå saker och ting stöter man på atomer, förstås.

Men de fyller inte ut rummet, skuldra vid skuldra, som amerikanska fotbollsspelare gör strax före match-starten. Inte alls. De ligger lika glest som planeterna runt solen och som stjärnorna i Vintergatan.

Så här på avstånd verkar stjärnorna trängas, men väl-diga sträckor ryms mellan dem. Ja, tänk efter:

De är så avlägsna från varandra att varhelst i uni-versum man än råkar stå och titta, är det aldrig mer än en i taget som ser större ut än de vanliga prickarna av vitt ljus. En kikare gör ingen skillnad – inte ens det största teleskop.

Man kan mäta månen och solen, och en ek som växer på andra sidan ängen – till exempel genom att hålla upp en penna med rak arm, som konstnärer brukar göra. Men inte stjärnorna. Så långt borta är de, att de blir försvinnande små i våra ögon.

Man skulle mycket väl kunna säga att vi inte alls ser dem – våra ögon registrerar bara deras ljus. Om ljuset någonsin knäpptes av, skulle vi inte ha en chans att avgöra om stjärnorna fortfarande fanns där.

Då skulle vi verkligen vara ensamma. Bara vi och vår sol och några få grannplaneter, och det skulle vara allt.

Kanske är det så.

En gång i tiden hade jag en sådan teori. Så här löd den:

Kanske finns det bara ett enda solsystem – vårt – och resten är bara en optisk illusion. Jag är inte helt säker, men jag tror att det är möjligt. Det är åtminstone inte så alldeles otänkbart, som man först föreställer sig.

Testa själv:

Om det enda som finns är vårt solsystem, och inget annat än tomhet omger det – som om en Skapargud vore en bekväm rackare – då skulle gravitationen med tiden styra tillbaka allt ljus till solen.

Ljus, vad det än må vara, lyder under gravitationens lagar, har vi lärt oss. Om ingen annan materia än solens och dess skyddslingars finns, i hela universum, då måste ljuset sedermera återvända.

Men allt ljus skulle återvända lite olika, beroende på de små förändringarna i dragningskraften och på de olika riktningar varje ljusstråle startade med, och så vidare.

Våra planeter rör sig i sina individuella banor och bildar därmed ständigt nya konstellationer. Solen beter sig också en smula oregelbundet. Givet den tid det måste ta för en ljusstråle att vända i sitt lopp och återkomma, borde dessa små störningar kunna få summan av ljusstrålar att bilda ett mönster som ger intryck av ett helt kosmos av stjärnor.

Ändå är alltihop blott reflexer av en och samma stjärna, nämligen vår egen sol.

Så ligger det inte till, förstås. Men för en tid sedan fann jag tanken eggande.

Jag antar dock, att det mest givande objektet för en analys borde inte vara själva idén, utan orsakerna bakom mitt intresse för den.

Ja, det astronomiska perspektivet fascinerar, såväl vad det förmodligen är som vad det säkerligen inte alls är.

Vad som däremot är sant, är tomheten.

Fastän den samlade massan av universums alla stjärnor bleve överväldigande, är de sannerligen lika glest spridda som poliskonstaplar på kvällstida tunnelbanor, när man betänker all den plats de har till sitt förfogande.

Tänk efter! Alla dessa avstånd, som sägs vara oöverstigliga för alla och allt utom ljuset självt.

Detta är ett universum av omätbar ensamhet.

Inte bara rymden är lika tom som lökens innersta. Låt oss vända vår uppmärksamhet mot den materia som ändock finns.

Den är hård, onekligen, när man får en golfboll i huvudet eller stötdämparen på bilen rammar grannens Mercedes. Men vid närmare granskning visar sig materian bestå av mestadels ingenting.

Ynkliga atomer på jämförelsevis lika stora avstånd från varandra, som dem i världsrymden. Inte ens i den kompaktaste och tyngsta av alla substanser, har de anledning att känna sig trångbodda.

Även själva atomen – den lilla rackaren är också mestadels ingenting alls. Ett ingenting med en mängd namn.

Partikelfysikens tilltagande terminologi antyder att ju mer vi söker, desto mindre finner vi. Atomen är en tomhet styrd av spänningar och dragningskrafter, vilka ännu återstår att klarlägga.

Det är en hel del, när man tittar lite närgångnare, som återstår att klarlägga. En hel del ingenting.

Naturligtvis är universum blott en idé. Ett koncept som inte skulle tåla seriös granskning. Vadhelst vi lyckas penetrera visar sig vara fyllt av samma undflyende tomhet.

När man undersöker universum närmare, tycks det vara ett verk av enbart kulisser. Som på bio:

Vackra färger men ingenting bakom duken.

Vem som än kom på idén med universum, ödslade tydligen inte många tankar på det.

Vi bör vara mycket försiktiga när vi försöker kartlägga vårt kosmos. Vem vet, om vi lyckas, om vi får ett avgörande genombrott – då kanske alltihop spricker.

Som en såpbubbla, när ett nyfiket barns fingertopp petar på den.

Kanske är det vad allt går ut på. Att spräcka hela illusionen. Meningen med livet.

Så ibland begrundar jag mord.

I denna värld av idel motsägelser och förvirring, syns mord vara en föredömligt konkret detalj. Ändå är det inte, måste jag genast påpeka, den sorts begrundan som jag förbehållslöst godtar.

En del av dess aspekter yppar jag gärna i de största och mest osorterade folksamlingar. Andra, däremot, är en aning delikatare.

Ändock, utan undantag intressanta.

Dessa tankegångar är inte alltid uppmuntrande, ska sägas. Men å andra sidan, vilka tankegångar är det?

När man verkligen nagelfar vår värld, tycks den vara begåvad med en mängd brister. Det vore inte alltför knepigt att komma på en del förbättringar, skulle jag förmoda.

Men det är ändå inget vattentätt skäl till att för alltid blunda inför vår värld, såsom den nu råkar se ut.

Mord har många aspekter. Den första frågan man kan ställa sig, borde väl vara:

Hur är det möjligt?

Hur kan människor alls vara förmögna att ta livet

av varandra? Om vi ska ge utvecklingsläran någon tro-
värdighet måste vi betänka detta. Varför skulle en djur-
art få för vana att döda inom sina egna led?

I en värld full av faror är det en riskabel överlopps-
gärning.

Vad jag menar är – skulle en fallskärmshoppare falla så
nära marken som aerodynamikens lagar någonsin tillå-
ter, innan det är ödesdigert nödvändigt att dra i snöret?

Skulle en dykare stanna under vattnet tills han sugit
ut den sista pusten av syre ur tuberna, och skulle en
motorcyklist ta vägkröken med den allra högsta has-
tigheten han tror sig klara av?

Ja, det skulle de.

Darwin måste ha missat något. Om varje släktes star-
kaste instinkt är att skydda sig självt från utdöende, då
agerar mänskligheten utifrån en sjukdom som måste ha
haft alla chanser att raderas av evolutionen.

Det är en paradox, en störande anomali i Darwinis-
men, att en djurart skulle umgås med så riskabla vanor.
Ändå gör vi uppenbarligen det.

Han skulle kanske hävda att mord är bara ännu en
metod, om än riskabel, för släktet att åstadkomma den
lämpligastes överlevnad. Ett litet addendum till det na-
turliga urvalet. Men jag undrar – är det verkligen den
lämpligaste som håller i dolken och den mindre lämp-

lige, vars kropp tillfälligtvis bildar slida åt den vassa eggen?

Sannerligen, det tvivlar jag på – om vi inte ska betrakta mördaren som den lämpligaste, enbart på grund av detta hans dåd.

Nåväl, alla renässansens furstar skulle säkerligen hylla ett sådant meritsystem. Som Mussolini, en aningen malplacerad representant för deras kader, resonerade:

Vem som än erövrar makten har därmed bevisat sin rätt till den.

Är det måhända så att den som tar andras liv, därmed bevisar rätten till sitt eget? En busens lag. Den vildsintes överlägsenhet.

Somliga av oss skulle säkerligen attraheras av en sådan värld, och den vore utmärkt material för actionfilmer på bio.

Ett vildars rike kunde, om inte annat, vara på sätt och vis sexigt.

Å, vilket nedsölande fältslag skulle inte en sådan världsordning inleda!

Och en dag skulle han stå där, den mänskliga rasens krona. Skriande likt Conan barbaren, med sina bloddränkta nävar sträckta mot himlen och kroppen sjunken ner till knäna i ett berg av fallna.

Hell den ypperligaste människan!

Varför hör han inget jubel?

Nej, det fungerar inte så. Mord har ingenting med evolutionen att göra.

Döden, å andra sidan, har förmodligen det. Döden har många roller. Men mord – icke. Naturen uppfann det inte, ej heller någon Gud. Det gjorde människan.

På sätt och vis.

Jag undrar hur det känns att bli mördad.

Nå, jag är ju inte överdrivet bekant med något sätt att dö på – varken ett som framkallats av en annan människas vilja, eller det slags döende som kallas naturligt. Självklart är alltihop fascinerande.

Men mord i synnerhet – hur är det att utsättas för?

En markant skillnad råder mellan å ena sidan att dö av sjukdom, hög ålder eller en olycka, och å andra sidan att bli mördad.

De så kallade naturliga vägarna bort från jordelivet förklarar sig själva. Mestadels är man mycket väl förberedd på dem, fastän troligen aldrig tillräckligt.

Vid en olycka kan döden förvisso komma lika plötsligt som en mötande lastbil på andra sidan vägkröken. Men antingen hinner man uppfatta vad för hinder man törnar emot, varvid inga fler frågor kräver svar – eller så hinner man inte, varvid inga frågor uppstår.

Hur som helst är det inget mysterium.

Med mord förhåller det sig annorlunda. Det ger upphov till så många fler frågor – om man nu får tid för dem – som pockar på svar. Vem gjorde det? Och varför?

Varför!

Måhända finner jag i mitt huvud förklaringen till vad jag åsamkas. Eller kanske den yppas av min bane – vilket jag i och för sig starkt betvivlar att någon mördare skulle stå till tjänst med, om inte för att därigenom försöka vinna beslutsamhet att genomföra dådet. Och i så fall är jag övertygad om att han inte kommer att lyckas.

Ändock, oavsett hur mordet förklaras för mig, är min själsliga prövning inte över. Inte det minsta.

Den tid jag har kvar för medvetna tankar kommer jag att ägna åt att varv på varv gå igenom vad för slags handlande från min sida, som skulle ha förhindrat denna final. Vad hade jag gjort fel? Varför kunde inte vi, min bane och jag, ha kommit fram till en mindre definitiv lösning?

Och vad, o vad för liv kommer detta att bereda för min attentator? Kommer mordet att verka till hans fördel, även i det långa loppet?

Sålunda skulle jag sannolikt göra denna, min allra viktigaste övergång, i ett tillstånd av yttersta frustration.

Eller bleve jag som ett helgon, och tänkte först och främst på att förlåta min mördare, såsom hjältarna i både svunna och moderna tiders legender alltid gör?

Jag tror nog att – så länge det inte betyder att hans reservation i ett eller annat slags helvete avbokas – jag gladeligt förlåter honom.

Låt ej straffa min attentator, sa den döende kung Gustaf III av Sverige, när han skjutits på operamaskeraden år 1792. Men trodde han verkligen att de skulle benåda den där armékaptenen och inte låta honom straffas på annat sätt, under återstoden av hans jordeliv, än genom det egna samvetet?

Om kungen varit övertygad om att bli åtlydd av sina undersåtar i denna sista befallning – skulle han ändå ha givit den?

Det undrar jag.

Till skillnad från moderna kulor träffade blyskrotet i kapten Anckarströms pistol så illa att det dröjde två veckor innan kungen dog. Han hade gott om tid att grunna på saken.

Alltjämt är det nog inte ett särdeles behagligt sinnestillstånd att befinna sig i, strax innan man lämnar sitt jordiska skal:

Frustration, och möjligen bittra tankar på hämnd.

Kanske finns det inte alls några spöken. Men om det gör det, då kan jag inte tänka mig någon bättre smältdegel för dem än personer som fallit offer för sina medmänniskors ränker.

Om det finns något sådant som en själ, hur skulle den kunna vända bort från en så traumatisk upplevelse för att stiga in i ett tidlöst lugn?

Man kan inte fara sin väg utan en smula sinnesfrid.

Är det möjligt för mordoffret att komma till freds med sitt brutala slut, att ödmjukt böja sig för biologins lagar och försvinna? Om han inte kan det – vad för slags död blir det?

Man bör förbereda sig för döden, vad för skepnad den än antar.

Några människor dör men kommer tillbaka och kan berätta om det. Lita på att det är underbara berättelser!

Ibland händer det att människor är döda en kort stund men väcks till liv igen, av medicinska ansträngningar eller av något annat. Mestadels vaknar de bara upp ur ett svart ingenting, och det är allt.

Men några få går igenom tydliga upplevelser, under den korta stunden av ickeliv, vilka verkar vara ungefär desamma i varje fall.

Det börjar med att de slocknar, men på något vis utan att bli medvetslösa. I stället beger sig deras sinnen ut på en märklig resa.

De kommer ut ur kroppen och betraktar den med en känsla av stor förvirring. Sedan far de in i en lång tunnel av ljus och färdas genom den i obegriplig hastighet. Vid tunnelns slut är det någon som närmar sig dem. En kärleksfull, strålande varelse.

Ja, någon sorts Jesus.

Denne sorts Jesus talar vänligt till dem, inte precis med ord, och hjälper dem att se hela sina liv passera revy. Från början till slut, i varje liten detalj. Allting är med.

Det måste vara en överväldigande erfarenhet, möjlig endast i ett tillstånd av ickeliv.

Själv är jag förvissad om att jag skulle explodera av en sådan repris. Jag kan inte motstå mina minnens kraft i någon särskild mängd.

All denna tid av liv som levats, ibland glädjefullt, ibland inte, som lurar bakom mig. Det är helt enkelt alldeles för mycket.

Skönt, ja, men alldeles för mycket.

Nåväl, vid vissa tillfällen i sina liv, betedde sig naturligtvis dessa kortfristiga gäster i dödens domän en smula otillbörligt. När de återser sådana incidenter blir de generade inför den där sortens Jesus.

Han är dock en mycket förstående natur.

Det verkar som om det enda straff de får för sina onda – eller mestadels bara dumma – gärningar, är detta pinsamma ögonblick. Att beskåda sina så kallade synder inför ett sådant vittne, och känna skam.

Ändå är jag förvissad om att det är ett tillräckligt hårt straff för att få den mest förhärdade syndare, den horriblaste av psykopater, att sänka sitt huvud i ånger.

Tänk efter!

Många av mina minnen är så obehagliga, för mig och mitt samvete, att jag inte ens vågar möta dem i min egen hjärnas ensamhet.

Att dela dem, lika klart och tydligt som om jag levde dem på nytt, tillsammans med en förunderlig varelse av ljus och kärlek, i själva det territorium som är gränslandet mellan livet och någonting annat – det måste vara en skärseld så het som någon brasa.

Man behöver bli förlåten.

Jag undrar – vilka av mina försyndelser kommer då att genera mig mest?

Inte har jag väl precis gjort en mångfald av onda gärningar. Men å andra sidan, har de kanske varit lika syndfulla i sina intentioner, som den mest bestialiska brutalitet?

Jag gissar att jag kommer att känna mig som mest skyldig inför de dåd, där jag var allra minst omedveten.

Beräkning är det mest komprometterande – att planera och utföra ett dåd, fullt införstådd och överens med dess konsekvenser. Kallblodigt, som man säger.

Blod bör inte vara kallt.

En incident dyker genast upp ur mitt minne. Fastän inte på långa vägar det mest fördärvliga jag gjort, inte heller särskilt unikt, förföljer minnet av den stunden mig alltjämt.

Så här gick det till:

När jag var ungefär tolv år gammal, stoppade en kompis och jag ner min katt i en sjömanssäck, som jag själv förfärdigat i skolans syslöjd. Vi hängde upp säcken i hatthyllan i hallen och började kasta tennisbollar på den.

Katten kämpade förstås för att komma ut, men inte särskilt länge.

Snart stillnade katten i säcken, medan tennisbollarna fortsatte att slå emot den. Jag tror nog att vi kastade dem så hårt vi kunde.

Ett underligt intermezzo.

Säkerligen grubblade katten över vad det egentligen var fråga om. Det gjorde vi grabbar också. Men å, vilken lust som vi kände av att kasta de där bollarna!

Vad som hejdade oss, antar jag, var inte riktigt våra samveten, men skammen över all njutning som det hela frambringade i oss. Njutning av någorlunda format har en tendens att avskräcka oss människor.

Katten var också mycket smart som låg stilla. Vi började oroa oss för att verkligen ha skadat den allvarligt.

När vi så till slut släppte ut katten var den alldeles oskadd – i alla fall kroppsligt. Säckväven var så grov att den måste ha skyddat katten från det mesta, fortsätter jag alltjämt att försöka övertyga mig själv om.

Medan vi fortfarande höll på att slänga de där tennisbollarna, lade jag märke till att min kompis sneglade på mig.

Jag måste erkänna att jag kastade med mycket större entusiasm än han gjorde. Delvis, men bara delvis, för att katten tillhörde – om ett sådant ord kan användas om en katt, eller om något levande väsen – min familj.

Nå, min kompis sneglade tankfullt, förbryllad över att finna sådana lustar i mig.

Hans blick, så klar och genomträngande, minns jag fortfarande mycket tydligt. Han var mitt vittne, då.

Fastän inte precis en sorts Jesus, gjorde hans närvaro mitt dåd mångfalt mer pinsamt för mig – vid det ögonblicket såväl som alltjämt.

Ändå är jag övertygad om att den där sortens Jesus kommer att hitta betydligt känsligare punkter i mitt samvete. Det skulle väl jag också kunna, förstås, om jag gjorde en ansträngning.

Det gör jag inte.

F olk som varit på ett kort besök i den där mystiska regionen bortom vår värld, återvänder med intrycket att det finns en bestämd regel.

Även om den där sortens Jesus mest verkar tycka att det som är gjort är gjort och bara vill släta över det, finns ändå två gärningar som han inte tar så lätt på:

Mord och självmord.

Hans aversion mot mord är inte svår att förstå. Det är inte ett Gudars påfund, utan människors. På sätt och vis.

I själva verket är detta påfund en direkt inblandning i Gudarnas planer och sabotage mot dem.

Så självfallet tar de inte inte lätt på det.

Men självmord? Varför accepterar de inte självmord?

Människan är given ett fritt val, och ibland en helvetisk plats att utöva det på. Några av oss räcker inte riktigt till för uppgiften, utan önskar avgå.

Inte alla ungar på nöjesparken vill åka berg- och dalbana.

När man tänker efter är det några ungar som inte vill åka – och andra som inte bara vill åka, av hela sina hjärtan, utan också lossar säkerhetsbältet, ställer sig upp i vagnen och gör allt de bara kan för att ställa till med en ödesdiger olyckshändelse.

Det är en bisarr lek, populär bland de vildaste pojkarna. Våghalsfebern.

Vad trånar de efter?

För en tid sedan spreds en hobby bland tonårspojkar i Stockholm. De åkte tunnelbanetåg – inte i vagnarna, utan mellan dem, balanserande på de grova järnlänkarna. Inte så gott om plats, förstås, och inte ett särskilt bekvämt färdsätt.

Då och då var det naturligtvis någon grabb som halkade och föll.

Den där balansakten var inte ens ett sätt att slippa betala för åkturen. Det måste ha varit en önskan om den slutliga avfärden.

En ung vän till mig hade ett annat sätt att hantera sitt liv respektlöst.

Vid arton års ålder fick han ett barn tillsammans med sin jämnåriga flickvän. En pojke. Min vän var väldigt stolt och fullt beredd att ägna resten av livet åt barnets välmåga.

Men hans flickvän hade tydligen andra planer. Hon slängde ut honom ur lägenheten och var inte längre ett dugg intresserad av hans kärlek och omsorg.

Några veckor senare dog babyn.

Utan några skönjbara medicinska skäl.

Sådant händer, fastän inte särskilt ofta. Plötslig spädbarnsdödlighet, kallar man det. Babyn lät bara livet slinka ur honom och läkarna kunde inte göra ett dugg åt det.

Humpty Dumpty.

Det var då, som min vän förlorade respekten för sitt liv.

Han föll ner i en djup depression. En ovanlig form av depression, på så vis att han alltid var förmögen att prata om den.

Han talade ironiskt, nästan självförlöjligande, om hur trist hans liv blivit, hur omöjligt det var för honom att känna lycka längre. Inget hopp. Och han log brett när han berättade det.

Bekännelserna blev lika alldagliga som en vanlig hälsning:

Hur står det till? Pyton, bara pyton, tack.

Det är klart att jag var bekymrad. Men det faktum att han lättvindigt pratade om saken, gjorde det så mycket svårare att komma med några tröstens ord än om han varit mer förtegen. Vad kan man säga till någon som vet blott alltför väl vad som felas honom?

Så'nt är livet, pysen.

I allt högre grad visade han tecken på att hantera livet likadant som hans nyfödda son gjort – låta det slinka iväg.

Han drack en del, hängde sysslolöst än här än där, och inget hände. Då och då gjorde han halvhjärtade försök att få ihop det med nya flickor, men drog sig snabbt tillbaka. Han vägrade att låta livet få ett fast grepp om honom igen, ville inte låta någonting fresta honom till nya friska tag.

Och han började missköta sin kropp, på så vis att han snubblade omkring tygellöst även när han var bara måttligt berusad. Såg sig aldrig för, visade aldrig minsta omtanke om sin egen person.

Snart utvecklades han till vad man brukar kalla en riktig olyckskorp. Det dröjde inte länge förrän olyckan kom.

På en fest öppnade han fönstret för att kasta upp en del av ölen han druckit. Då tappade han balansen och föll ut.

Lägenheten låg tre våningar upp. Min unge vän slog i marken – inte hårt nog för att dö, men tillräckligt för att bli allvarligt handikappad för resten av livet. Han kan fortfarande visa upp sitt breda leende, men inte mycket mer av kroppen lyder honom.

Ändå fortsätter han att skämta om alltihop.

Jag undrar varför han inte dog. Ville han egentligen inte, var han alltför tvehågsen?

På något vis får jag för mig att han stympade sin kropp till den graden, bara för att hindra den från att genomföra ett självmord – om han längre fram skulle falla för frestelsen.

Ja, kanske är det så. Kanske övervägde han aldrig seriöst att ta livet av sig, djupt därinne, men var så medveten om risken att han skulle komma att ändra sig på den punkten, att det här var hans sätt att förhindra det.

Han avväpnade sig själv.

Nåväl, det fungerar. Han har inte bara lyckats göra det hart när omöjligt att utföra de nödvändiga handlingarna för att ta livet av sig, utan också skapat mer näraliggande problem att koncentrera sig på.

Det är inte lycka, förmodar jag. Ändå verkar det fungera ganska bra, än så länge.

Så'nt är livet, pysen.

J esus, själva den profet som insisterade på att promenera rakt mot Golgata, fast han var mycket medveten om hur det skulle sluta – han borde ha hjärta nog att tolerera självmord. Till och med att respektera det.

Självmord är något att förstå och beklaga. Men att straffa?

Å andra sidan, om man betraktar det från Gudarnas synvinkel, är orsaken till deras intolerans tydlig. För dem är självmord inget annat än mord.

Naturligtvis är det så. Om vi allihop är en Skaparguds hantverk och Han är vår Fader, då dödar vi Hans barn även om det är oss själva.

För Honom gör det ingen skillnad vems hand som höll i yxan – en av Hans skapelser har berövats livet.

Ja, vår fria vilja, vårt medvetande, är något annat än den levande kroppen, måste man medge. Om än inte alldeles bannlyst från Skapargudens famn, så är i alla fall medvetandet en smula avlägsnat från den.

Genom samma resonemang inses lätt att kroppen inte är det.

Därför, om man skärskådar det ordentligt, är det en främling som tvingar sin vilja på den oskyldiga kroppen, gudabarnet, som inget har att säga till om.

Man måste medge att oavsett hur övertygat medvetandet är om att begå självmord, så håller kroppen aldrig med om det. Kroppen vill aldrig beröva sig livet.

Så i en Skaparguds ögon är det ett mord, som alla andra.

Gud är hård. Tafsa inte på Hans barn.

Jag skulle dock uppskatta omtänksamheten högre, om Han kunde vara bara en gnutta mer förutseende. Det är inte mer än vilken annan förälder som helst försöker vara.

Å, höge Herre – var är du när vi verkligen behöver dig?

När man tänker efter – var är du?

Måhända är mord i själva verket en form av uppror mot Gudarna – ett sätt att demonstrera en avvikande mening mot deras. Mördare är människor som medvetet stör den Himmelska ordningen på saker och ting, och får något slags kick av det.

Fastän Gudarna ogillar det, låter de inte sin aversion leda till någon motåtgärd. De sätter inte stopp för mord.

Kanske är mord en form av pubertet. En period i vår utveckling, som vi måste gå igenom. Kan det vara ungefär som ett av de freudianska stadierna? Analt, oralt, genitalt – och mortalt.

Om den lilla bebisen insisterar på att leka med sin pillesnopp, då vet varje sensibel förälder att inte hindra honom. Annars kan han fastna i en mani att göra just det för resten av livet. Förhåller det sig så att vi måste få döda varandra, då och då, för att alls komma över detta begär?

I så fall – hur länge till?

Mord är en knepig affär. Det verkar vara det allra svåraste som finns att genomföra, första gången. Men för varje gång det upprepas, erkänner de som haft erfarenheten, går det lättare.

Människan är en anpassningsbar liten best. Mördandets horribla akt kan utveckla mer och mer av ett beroende. Som cigarretter. Man får abstinens och måste göra om det.

Abstinens är underlig. Den verkar bara komma ur vanor som är dåliga och skadliga. Eller kan besattheten, själva frosseriet i det, förvandla vad som helst till skadliga ämnen? En kvantitetens metamorfos.

Ja, det finns ju folk som hävdar att om man späder ämnen, ändrar man fullständigt deras egenskaper. Så varför inte tvärt om? Varje nyttig substans måste bli giftig i för stora doser.

Jag har hört att även vanligt vatten är giftigt, om man dricker på tok för mycket. En kvinna i Frankrike tog livet av sig genom att dricka fyrtio liter vatten.

A votre santé!

Till och med luft blir man yr av, om man andas in fort och djupt. Och om man inte andas alls, ja, då åker man också dit.

Livet är en känslig balansgång.

Begäret att döda innehåller definitivt ett stort mått av njutning. Massmördaren får något slags tillfredsställelse av att ända andras liv. Genom att sätta stopp för livsbanor tvingar han det oåterkalleliga på sina offer, och därigenom provocerar han sannerligen Gudarna.

Det är inte svårt att föreställa sig hur spännande det måste vara. Vi har varit jägare i många hundratusen år, vaktat vår arts fortbestånd genom andra vilda djurs motsträviga offer. Vi har vanan inne. Och vilket byte är en större utmaning än människan själv?

Att döda andra måste också vara ett sätt att leka med den där oemotståndliga kraften, som är förutbestämd att en dag drabba också en själv.

Jag kan inte undgå döden, kan inte hålla den stången utöver den tid som är utmätt åt mig – men jag kan skynda på dess ankomst, till såväl andra som till mig själv. Genom att framkalla döden låtsas jag styra över den. Och jag vänjer mig en smula vid tanken på att själv en gång möta den.

Ja, det kan ge en viss tillfredsställelse.

Skåda honom, min medmänniska. Han andas hårt, darrar, ögonen vidgas av skräck när slaget faller. Se blod och smärta, se hans ben vika sig och hela kroppen sjunka till marken. Sedan finns han inte mer.

Vad nu det innebär.

Det är mer upphetsande, mer hänförande än något annat, att vara katalysator i en sådan process. Att göra dödens dunkla gåta till ett verktyg i ens egen hand.

Sålunda är jag inte alltför övertygad om att Gudarnas strategi av laissez faire, om det förhåller sig så, är den allra visaste handlingslinjen. Genom att låta oss frossa i mord kanske de – i stället för att göra oss mätta på det – får oss att fastna för gott i begäret.

Är det vad som sker?

Inte så många av oss begår mord, och inte så ofta som i forna tider, har vi skäl att anta. Men när vi gör det, å andra sidan, verkar det ske i större skala än någonsin förr. Dessutom utvecklar vi fortlöpande allt effektivare utensilier för det.

Mord blir lätt en hobby, en vana, vad skäl som än ges för det. Och vi briljerar i att hitta på skäl.

Om man lägger ihop allt, så tycks vår utveckling vara aningen skev. Men det måste väl också sägas – vi slutar aldrig heller leka med våra pillesnoppar.

Såväl på idéplanet som rent praktiskt, kan mord vara fängslande.

I forna tider var det en ganska grotesk affär, förstås. Mördaren var aldrig längre bort från sitt offer, än för att det spillda blodet skulle fläcka också honom.

Så ligger det inte längre till.

Med undantag för de traditionella mordmetoderna, vilka utövas endast av de medellösa eller de med primitiv smak, finns idag en mängd tillvägagångssätt, som inte kräver intimare närhet till offret än det avstånd en gevärskula överbryggar.

Som det mesta i vårt högteknologiska samhälle har mord utvecklats till ett enkelt tryckande på knappar. Någonting abstrakt. Själva dess vedermöda är bannlyst från varje territorium utom mördarens egen fantasi.

Å andra sidan gissar jag att det alltid har varit just fantasin som plågat varje mördare mest.

Ur den aspekten påminner mördandet om att dö. Häri drabbas bane och offer någorlunda lika. Det är inte avgörandets ögonblick som är så skrämmande, utan den

– vem vet hur långa – tid som följer.

Hur är det där, på andra sidan om dådet? Perspektivet ger samma svindel åt båda de inblandade. Hur är det i dödens rike – och hur blir återstoden av livet för den som förpassade offret dit?

Ja, den ovissheten delas lika av mördare och offer.

Även om minnet av dådet plågar mördaren av inget annat skäl än hans förväntningar på och rädsla för sådant lidande, gör inte det plågan mindre verklig.

Hjärnan är en djävulsk fälla.

Ändock är mången man och kvinna fullt beredd att, av det ena eller andra skälet, riskera den obotliga sjukdomen.

Ofta tycks skälet vara rent löjligt i sin obetydlighet. Faktiskt verkar det som om folk har mycket svårare att härda ut minimala obehag än väldiga orättvisor.

Men vika proportioner orsaken än må ha, stora eller små eller obetydliga – så tar vi, trots den ovisshetens fruktan vi är fångar i, inte sällan steget.

Varför?

Är det varje syndig gärnings frestelse, det oemotståndliga i allting som är ytterligt tabu? Det är svårt, mycket svårt att motstå impulsen att göra det avskyvärda.

Fruktan är en tilldragande, förförisk brygd. Vem vill inte smaka på katastrofen?

Det enda man egentligen behöver göra är intala sin självbevarelsedrift att det är stor chans att komma undan.

En barnlek. Vi har aldrig några svårigheter med att intala oss själva vadhelst vi önskar, bara vi önskar det.

M

ord är ett uttryck för makt, den yttersta makten.

Människan kan uträtta många ståtliga ting – bygga broar, splittra atomer och promenera på månen. Men ingen makt är så gränslös, så gudomlig, som dessa två: Att ge liv och att ta det.

Så naturligtvis hör de ihop. De två motsatta slutändarna på en linje. Kan det vara i detta förhållande, som frågan om varför mord alls är möjligt att begå får sitt svar?

Tänk efter:

Vi förökar oss på ett sådant sätt, man och kvinna, att vi får för oss att vara skaparna av nytt liv. Det ser verkligen ut som om vi skapar vår avkomma alldeles själva.

Ja, om en människas födelse inte kommer sig ur mer än föreningen av ett ägg och en spermie, då bör vi väl ha all rätt att kalla oss skapare. Inför vår avkomma är då vi Gudarna.

Tveklöst behandlar vi alltsom oftast våra barn på så vis, och begär av dem att bemöta oss i enlighet därmed. Skapare och skapelse.

Men i så fall, om vi betraktar oss själva som tillverkare av nytt liv – då känner vi oss även berättigade till att kassera det. Vi begynner liv, så vi ändar dem också. Det är ju alldeles rimligt.

Såg vi inte fortplantningen som vår alldeles egen bragd, då vore det nog omöjligt för oss att tänka oss – än mindre utföra – mord.

Vi är offer för ett oundvikligt hybris.

Kanske får dessa omständigheter oss att känna oss berättigade, ja, rentav skyldiga att avsluta liv lika ofta som vi begynner dem. På jakt efter balans.

I själva verket, om vi kan anklagas för att verkligen ända människors liv genom att begå mord, då måste vi sägas begynna dem genom samlaget. Vi är i så fall värda lika mycket pris för det sistnämnda, som klander för det förstnämnda.

Balans.

Ja, mord är något magiskt, precis som livet.

Det krävs två för att åstadkomma ett barn, oavsett om det är den verkliga skapelseakten eller ej. Det krävs också, uppenbarligen, två för att ett mord ska begås:

Mördaren och offret.

Man skulle kunna betrakta mordakten som en form av våldtäkt, där den enes vilja påtvingas den andre. En våldtäkt som bringar död i stället för nytt liv.

Ändå är jag en så pass skrockfull person att jag tror att ingendera våldtäkt kan genomföras, utan någon grad av överenskommelse mellan de medverkande.

Den sexuella våldtäkten är en akt av påtvingat intrång, där kvinnan blir spetsad. Detta spetsande är mycket svårt att åstadkomma om hon inte ger med sig det minsta.

Naturligtvis gör hon det inte villigt. Men på något sätt måste hennes muskler – om än minimalt – vara försvagade av uppgivenhetens distraktion, för att spetsandet alls ska vara möjligt att genomföra.

Ironiskt nog kan kvinnans huvudsakliga kapitulation bestå av en brist på tilltro till de egna krafterna.

Kanske ger de flesta kvinnor med sig som ett betalande av lösen. De accepterar ett ont för att undvika ett annat, permanent ont – nämligen den andra sortens våldtäkt:

Mord.

Också i mord måste offret på ett eller annat sätt spetsas, för att livet ska fly honom. Även detta spetsande kräver att måltavlan ger med sig, för att alls vara genomförbart.

Vore offrets livslust kompakt och utan sprickor – då skulle kulan missa, knivseggen slinta, giftet genast återvända samma väg som det gjorde sin entré.

Det är förvisso omöjligt att ta livet av någon som inte alls vill dö.

Därför tycks somliga människor överleva tillbud, som har all sannolikhet att sluta med katastrof.

De kliver oskadda ut ur totalkraschade bilar, kravlar upp ur vattnet ett helt dygn efter att segelbåten gick till botten, och reser sig efter att ha tumlat nerför en trappa på hundra steg. Det händer oftare än slumpen skulle tillåta.

För att inte tala om hur folk kan köra sina bilar i åratal, eller vara våghalsiga fotgängare i tät stadstrafik, eller supa sig präktigt fulla tusentals gånger, utan att råka ut för ett enda allvarligt tillbud. Vilken förtrollning

är det som kapslar in dem?
Livslust.

Å andra sidan är det inte någon okrossbar kapsel. Då och då, i de malande smärtorna från livets alla småsår, i den tröttande bekantskapen med vardagens monotoni – vem vill inte stundtals dö?

En mördare med känsla för det rätta ögonblicket skulle nog finna sitt byte lätt att övertyga.

Enbart själva besvikelsen i att finna sig vara måltavla för sådana intentioner, upptäckten att man är så föraktad eller ett så förargande hinder i en annan människas väg – bara det kan ge substans åt önskan bort.

Om någon vill min död tillräckligt innerligt för att bryta mot både jordiska och Himmelska lagar för att förverkliga den – varför inte låta honom? Varför stå i hans väg?

Att förneka honom det, borde vara en stöld jämförbar med den som mördandet innebär. Han vill ta mitt liv och jag vill behålla det.

Vad ger mig större rätt än han?

Sålunda är vi inte sällan tillfreds med att bli martyrer. Om någon helhjärtat vill min död, ja, då så – låt det ske!

Inte för att det löser några problem – ej heller skapar några nya.

Till det är döden en alltför känd och alltför ofta återkommande besökare, sedan urminnes tider. Döden ändrar ingenting. Uppskjuter, måhända, eller påskyndar. Men den ändrar ingenting.

Nå, mördaren begär väl sällan mer utdelning på sitt dåd än att få tiden någorlunda på sin sida. Livet är så kort att detta lilla kan vara mer än nog.

Av någon orsak har jag intrycket att det mestadels är de människor vi kallar goda, vilka är villiga att ge med sig och dö. Onda människor gör sällan det.

De vi betraktar som värdefulla att ha vid liv, här på jorden, verkar vara de minst fästa vid det – och de som tuggar på livet med minst behärskning eller vilja att dela med sig, de håller fast i det med omätbar styrka.

Det är ett kostsamt tillstånd för vår värld, att så många trevliga människor kvickt vandrar vidare och de vedervärdiga stannar till synes för alltid.

Men å andra sidan – vem är den bättre martyren?

Människor lever endast för en kort tid, men vi är döda mycket, mycket länge.

Ja, de döda är så mycket viktigare än de levande. Väl döda är människor osårbara och deras personligheter åstadkommer, genom de överlevandes tankar och handlingar, förunderliga storverk.

Varje människa är ett centrum av mystiska krafter, vilka allihop släpps lösa vid ögonblicket för hennes död. Det är omöjligt att förutse eller kontrollera effekterna av denna fritagning.

Följdriktigt måste man konstatera att tidpunkten och omständigheterna för varje persons död är betydligt viktigare än någon annan händelse i våra liv. Betydelsefullare, till och med, än omständigheterna för födelsen.

Åter bekräftar det att mord är något magiskt.

När jag tränade den graciösa självförsvarskonsten aikido för en autentisk japansk mästare, berättade han ofta gamla legender och myter. Flertalet handlade om att donera den oskattbaraste ägodelen av alla, till den som begär det.

En underlig ägodel är livet. Stulen eller erövrad, frivilligt bortgiven eller såld för något obegripligt pris:

Genast då den lämnar sin ursprunglige ägare, upphör den att existera.

Den mest gäckande av skatter.

Ändå berättade min japanske mästare:

När en helig man blir mördad skänker han, i samma ögonblick som livet flyr honom, lycksalighet till sin bane.

En underlig belöning, onekligen, till den som provocerar Gudarna. Men detta är själva essensen i alla de japanska stridskonsterna, och faktiskt en god strategi för överlevnad:

Gå inte in i duellen med livet kärt. Nej, ge upp det, och det kommer inte att vilja skiljas från dig.

Livet är som varje älskarinna. Dyrka henne, och hon kommer att förakta dig. Försumma henne, och hon kommer att klänga sig fast vid dig. Så länge det fungerar.

Min japanske mästare levde ett liv som tyngdes av hans föregångares överlägsenhet – både de levande och de längesedan döda. Han försökte och försökte bli som en av forna tiders heliga män, men fann det betydligt mer komplicerat än att berätta deras historier.

Därför fanns en tankeväckande ambivalens i hans fascination inför legenderna om frivillig bortgång. Att förklara för sina entusiastiska studenter av stridskonsterna, att den fulländade mästaren ger frälsning till sin mördare – det borde vara en smula krävande, nästan en utmaning.

Än så länge har dock ingen fogat sig därefter.

Här är en av de fagraste historierna han berättade för mig:

En gammal man och hans två söner hade beslutat att lämna allt, deras hustrur och hem, för att söka lycksalighet.

Efter många års resor och umbäranden nådde de ett väldigt berg, som sades skänka fullkomnad till dem som besteg det.

Det enda man behövde göra, försäkrade byborna vid bergets fot, var att klättra upp till bergets topp, där en särskild blomma växte, sedan plocka och äta den.

Nåväl, fadern och hans två söner begynte genast sin marsch uppför bergets sida, och det blev en strapats av obebådade kval. För varje steg de tog växte sig vinden starkare och temperaturen sjönk.

Slutligen, när de kommit till den yttersta gränsen för sin uthållighet, nådde de toppen och fann blomman som växte där, rakt igenom snötäcket.

Det var en underlig blomma, mörk i färgerna och med en säregen, kraftig doft. De satte sig ner för att äta den, men fadern tvekade.

Vad för slags växt, undrade han, kunde detta egentligen vara? Den liknade ingen annan och luktade likt ingen annan. Det var verkligen inte den sorts blomma han skulle vilja plantera i sin egen trädgård.

Så han sa till sin yngste son att smaka den först och räckte över blomman till honom.

Gossen lydde sin far, men så snart hans tunga rörde vid blommans krona, föll han ihop i snön och dog.

Nu blev fadern änmer betänksam. Han betraktade sin döde son och grunnade länge på legenden om detta berg och dess blomma.

Kunde allt han hört och alla byborna vid bergets fot ha tagit så fel? Han måste veta säkert.

Så fadern bad sin äldre sonen att smaka på blomman. Och den unge mannen lydde och lyfte försiktigt blomman från den döde broderns bröst.

Men i samma ögonblick som hans läppar rörde vid dess stjälk, föll han bakåt och var död.

Fadern reste sig. Han betraktade sina döda söner med hjärtat bultande och tårar trängde fram ur ögonvrårna. Snart vände han och klev ner från berget.

Men när han nådde dess fot, vände den gamle mannen åter blicken mot bergets topp, högt däruppe. Då såg han sina två söner, skimrande av ljus, stiga upp i luften och sväva mot skyn.

Mord

J ag tror att denna legend talar lika sant om salighetens innersta väsen, som löken talar om världen vi lever i.

Livets kärna är ingenting, och salighetens innersta väsen, dess villkorslösa förutsättning, är döden. För de levande är den inte.

Än en gång ett skäl att begrunda mord.

Borde jag kanske vara enbart tacksam mot min mördare, om en sådan materialiserar sig, för att han sänder mig till det gudomliga riket? Och borde jag leta hela världen över för att finna honom, om han ännu ej visat sig? Eller använda all min lömskhet till att provocera fram honom bland mina grannar?

Kommer den där sortens Jesus, på andra sidan gränslandet, att vara slipad nog att genomskåda sådana ränker?

Det är han nog.

Å andra sidan, om jag gör mitt yttersta för att bevara och förlänga livet, enbart i avsikt att inte kunna anklagas för att alltför lättvindigt ha övergivit det – är inte också ett sådant tillvägagångssätt ett hån mot hans principer?

Människans medvetenhet är hennes förbannelse. Hon kan inget göra, ingenting alls, utan att vara medveten om dess implikationer och möjliga konsekvenser. Därför är vi aldrig fullständigt oskyldiga.

Och aldrig skyldiga? Jo då, alltid skyldiga.

Däri ligger den ständiga eftersmaken av en enda tugga på det legendariska äpplet. En smak som är till och med bittrare än den avslöjande lökens.

Medvetandet är en ond spiral, som spinner utan paus i våra sinnen från födelsen till dödsögonblicket – kanske också bortom det.

Inte undra på att vi ibland åtrår ett slut på allt, så mycket att vi gör vårt bästa för att påskynda dess ankomst.

Det ligger en smula tröst i att begrunda mord.

Indianerna ställde betydligt högre krav på livet än vi plägar göra. Eller älskade de det för högt för att kompromissa om det?

När den vite mannen behövde få sin bomull plockad, vände han sig naturligtvis först till den röde mannen för att få jobbet gjort. Där fanns han ju, nära till och i överflöd.

Den röde mannen var dock ej så lätt att övertala.

Han utvecklade aldrig det rätta handlaget för sådant arbete och när hans liv fjättrades i slaveri, då föredrog han att ge upp även det.

Den vite mannen hade inget motgift mot självmord. Fastän livet lättvindigt låter sig bemästras av världsliga krafter, kan döden inte det.

Tvingad att inse det, måste den vite mannen hämta den svarte mannen, ända från Afrika, för att få bomullen plockad. Den svarte mannen var tydligen inte så noga med sitt liv – eller vördade han det så högt att han kunde fördraga även ett så neslitgt innehåll hellre än att låta livet förfaras?

Sålunda, genom att betala det yttersta priset, vann indianerna sin frihet åter.

I en annan värld skulle säkerligen detta storslagna offer av en generation, belöna sig hos alla de efterkommande. I en annan värld – inte här.

När den vite mannen inte hittade någon praktisk användning för den röde mannen, utrotade han honom, helt enkelt. En hjältemodig död, onekligen, fläckande alla vita mäns samveten evigt framgent.

Men ändock – död.

Kommer den där sortens Jesus att förbarma sig över indianernas självmord och förlåta det? Det besvärjer jag honom om. I annat fall – vad för dom har den vite mannen att vänta?

Skrämmande tanke.

Nå, jag undrar om vi egentligen allihop ärver våra förfäders synder. Förmodligen så länge vi njuter frukterna av dem.

Och det gör vi.

Mord

Självmord kan gestalta sig på en mängd olika sätt, varav få lika grandiosa och hjältemodiga som indianernas.

De flesta självmordsförsöken, hävdar experterna, är inte alltigenom seriöst menade. Den verkliga önskan hos självmordskandidaten är inte att finna döden, utan att påkalla uppmärksamhet åt dennes liv. Ett rop på hjälp.

Som sådant är det också ett hot, nästan utpressning:

Hjälp mig, eller jag gör det på riktigt nästa gång – och då är det ditt fel!

De gör det dock sällan på riktigt. Försöken kan vara många, lika alarmerande som crescendot på en turbulent symfoni – men en final är det inte.

Trots det kan självmordsförsök bli fiasko, på det ironiska viset att de verkligen råkar leda till döden. Ett självmord som misslyckades med att misslyckas.

Hur tragisk denna malör än må vara, ger den en känsla av lättnad åt de som lämnas kvar. Men det är mycket sällsynt.

Denna morbida låtsaslek verkar vara mycket populärare bland kvinnor än bland män. Varför då?

Kan det vara så att kvinnor förhåller sig till livet mer i en sluten krets, mer rakt på sak, än de flesta medlemmarna av det motsatta könet gör?

Jag har intrycket att kvinnor sällan är så nyfikna på det utomvärldsliga som män ofta är. Sålunda, om möjligheten av ett efterlivsrikes existens har ringa betydelse för dem, borde sådana kvinnor se döden mer som ett hot, något att frukta enbart. Ickeliv.

Därmed ett utmärkt verktyg för utpressning.

Kvinnor som är mindre attraherade av döden visar den därför mindre respekt. De tvekar inte att spela på den, likt någon som inte riktigt tror på den.

Men de tror sannerligen på den. Döden själv är långt mer verklig för dem än för män. Det är allt bortanför den som inte är det. Döden är blott detta:

Ickeliv. Inte alls attraktivt.

Det kan mycket väl ha något att göra med erfarenheten av havandeskap. Är man själva smältdegeln för nytt liv, då blir det svårt att engagera sig i förunderliga drömmar och visioner om ickelivet.

En kvinna jag känner höll ständigt på att försöka ta livet av sig, när hon var i de mellersta tjugoåren. Mestadels använde hon piller, inte alltid av en sort som kunde vara vara fatal i någon rimligt konsumerbar kvantitet. Det hände också att hon skar sina handleder.

Hon brukade alltid ringa upp någon, omedelbart efter att ha tagit det drastiska steget. Fastän det fick några hjärtan att öka takten för resten av natten, var hon aldrig riktigt nära punkten utan återvändo.

De höll kvar henne några dagar på sjukhuset för observation, diagnosticerade henne sedan som så frisk man kan vara och visade henne, milt men bestämt, till dörren.

Jag tror inte att läkarna tog så allvarligt på det. De insisterade inte ens på att hon skulle gå någon typ av terapi. Nå, de hade förmodligen erfarenhet nog att skilja mellan henens övningar och the real thing.

Ändå blev det en stressfaktor för vännerna. Hennes telefonsamtal mottogs alltid med synnerligen kluvna känslor.

Om det fått hålla på riktigt länge, skulle nog själva upprepandet kunna ta död på henne. I alla fall borde alla dessa piller ha demolerat hennes lever, om hon inte slutat upp efter några år.

Vad hände?

Hon fann en man, som gjorde henne gravid.

Antagligen fick detta att sätta igång ett annat liv henne att sluta önska sitt eget livs slut. Barnet var gnistan som tände vissa instinkter inom henne, och hon glömde helt bort det där med självmord.

Tillsammans med barnet anlände något slags mening med livet, tycks det.

Vilken bättre mening med sitt liv kan man hoppas på, än en annnan människas liv?

För att försäkra sig, upprepade hon snart kuren. Idag tar hennes två spädbarn upp all hennes tid och kraft. Det är de bra på.

Vad kommer att hända när de två barnen nått den ålder, då hennes vård inte längre är nödvändig för dem? Det vet man aldrig. Ännu ett barn?

Eller nådde hon slutsatsen att hon aldrig riktigt velat dö, ens när hon försökte som mest? Hennes självmordsansträngningar var enbart reaktioner på livet. Döden hade inget med det att göra.

De som verkligen vill dö, å andra sidan, visar betydligt större kompetens och handlingskraft. Deras färdsätt kan visserligen variera, men de lyckas praktiskt taget alltid nå avgång.

Ändå kan deras handling vara precis lika mycket riktad mot världen de lämnar, som gäller för de vilka aldrig ämnade ta farväl.

Ofta är deras självmord en anklagelse. De vill få sitt blod att fläcka en så stor yta som möjligt.

Deras död ska föra ett sådant oväsen, att dess eko klingar för evigt i öronen på de stackars efterlämnade.

Av någon orsak – kanske den omvända mot vad som gäller för många kvinnors självmordsbeteende – tenderar detta att vara populärast bland män.

Jag är säker på att de känner sig helt och hållet berättigade till att straffa de berörda så hårt, och jag gissar att de ofta skulle tillerkännas en sådan rätt av vem som helst som trängde in i saken. Men det verkar vara en hög grad av trångsynthet inblandad.

Att hoppa från taket på ett höghus eller framför ett tåg, eller drämma in i urberget med sin bil – det har en tendens att smärta helt andra människor än de som, med det mest långsträckta argument, skulle kunna kallas förtjänta.

Det är underligt hur skoningslösa de människor kan bli, som anser sig ha varit de minst skonade. Behandlades de verkligen med all den försummelse och grymhet, som kunde berättiga ett så rått avsked?

Min blygsamma erfarenhet säger mig i stället, att de som fått lida allramest också är de som är minst benägna att klaga. Och de som stönar och gnisslar sina tänder ljudligast, de tycks i själva verket vara de mest privilegierade.

Smärtan måste ha sina egna relativitetslagar.

D et mest utdragna självmordet, också det som plågar släkt och vänner mest, är drogmissbruk. Alla hundratals exotiska narkotika, i varje tänkbar färg och smak, eller den gamla vanliga alkoholen.

Missbrukarna har måhända inte alltid som målsättning, för denna maniska förtäring av vissa kemikalier, att den ska leda till döden – men oftast vill de det.

Trycket på en T-shirt, som är populär i Sverige, säger allt:

Sprit dödar långsamt – men vem har bråttom?

Om du vill lämna den här planeten men inte känner någon omedelbar brådska och inte har alltför mycket emot – kanske till och med uppskattar – ett rejält mått av förnedring och kroppsligt sönderfall på vägen, då finns det säkerligen en drog för dig.

Uppenbarligen är detta inte den lätta vägen ut. Inte heller är det precis ett tecken på feghet. Ibland kan det dock komma från obeslutsamhet, eller åtminstone bristen på den absoluta övertygelsen.

Vad än skälet är för denna långa och prövande omväg, har den en tendens att bli för andra allt vad den är för missbrukaren själv. Man kan till och med finna den smittsam, över de känslomässiga relationernas bro.

Folk som är förunderligt fästa vid missbrukare – och sådana finns i åtminstone samma överflöd som missbrukarna själva – brukar i slutänden dela också drogen med dem.

Kanske visar det sig vid närmare prövning vara ett underbart sätt att vandra vidare? Eller ligger förklaringen helt enkelt i att missbrukaren gjorde livet för sin käresta så miserabelt, att drogen blir den enda fungerande trösten?

En riskabel affär, onekligen.

Fem socialarbetare i Sverige var engagerade i ett långtidsprojekt, med målet att bota en ensam alkoholist. En medelålders man som levde under minimala omständigheter i Stockholms närhet.

De arbetade mycket enträget, alla fem, under tre hela år. Eller var det tre socialarbetare i ett femårigt projekt?

Av någon orsak har jag svårt att uppfatta skillnaden som väldigt betydelsefull.

Hur som helst blev inte alkoholisten botad. Fast de tillfälligtvis lyckades få honom att resa sig ur rännstenen och avhålla sig från flaskan, föll han alltid tillbaka ner så fort de drog undan sina stödjande armar.

Sprit kan vara mycket övertygande, speciellt för någon med ett öra för dess musik.

När tiden för projektet löpt ut skyndade sig socialarbetarna iväg för att skriva en bok om det.

Och strax tog alkoholisten livet av sig – på det snabba sättet.

Jag är inte förvånad. Vad återstod för honom?

Aldrig mer kunde han räkna med sådan uppmärksamhet, aldrig mer vara centrum, ja, själva försörjningskällan för ett antal välartade samhällsmedborgare.

När den där uppmärksamhetens strålkastare vänts ifrån honom, blev det bara mörker.

Ingen vill egentligen lämna daghemmet och stå på sina egna ben.

Mängder av människor som får återuppleva den tidiga barndomens bekymmersfria existens – på sådana platser som fängelser eller i sjukhussängar – de vill stanna där för evigt.

I daghemmet, väl omhändertagen, med den stora världen utestängd och maten serverad på bestämda klockslag.

Vem kan klandra dem?

En del självmord uppfattar jag som väldigt sympatiska.

Jag hörde att i staden Göteborg, i sydvästra Sverige, är det en metod av frivilligt avsked som är den ojämförligt populäraste.

Göteborg är en industri- och rederistad, inte helt olik sådana platser som Detroit i USA och Liverpool i England.

Det här är favoriten bland självmordsmetoder hos dess manliga invånare:

När han åker hemifrån på morgonen tar självmordskandidaten med sig slangen till dammsugaren. Efter jobbet köper han som vanligt med sig kvällstidningen, men åker ut och parkerar sin bil vid vägrenen på någon ödslig landsväg utanför staden.

Han trycker fast dammsugarslangen över avgasröret och leder in den andra änden genom ett av bilens sidofönster. Motorn brummar och han slår sig ner på förarsätet, läser sin kvällstidning och gasas sakta ihjäl.

Visst är det nätt? Nätt och städat.

Men kommer den där sortens Jesus att uppskatta självmörarens hänsynsfullhet mot sin eftervärld? Låt oss hoppas det.

Ändå lämnar varje självmord, liksom varje mord, en bitter eftersmak i mun och mage på de anhöriga. Frustration. Döden kan inte göras ogjord.

Den är absolut. Där står vi, alla som blev kvar, och kan inget göra.

Inget utom att be – de hjälplösas liturgi. Be för den förlorade vännens lyckliga ankomst till det bortre riket, och be för att vi andra ska komma över förlusten.

Det är inte bara den där sortens Jesus som anklagar självmördaren. Eftervärlden gör också det.

Jag har till och med intrycket att vi skulle vilja anklaga också de som dog för någon annans hand. Ja, även de som dog för vad man, tämligen inadekvat, brukar kalla ödets hand, även till dem vill vi ropa ut:

'Hur kunde du!'

Oavsett i vilken skepnad den uppträder, betraktar vi döden som ett brott, eller hur?

Det gör förstås dödsstraffet till en iögonfallande paradox. Att återgälda ett brott med det allvarligaste av brott. Denna absurditet ger ytterligare belägg för att vi tenderar att se oss själva som ett slags gudar.

Mest slående är det när straffet utdelas till någon som fällts för mord. Att ta livet av mördaren och sålunda straffa honom genom att upprepa brottet, kan det verkligen berättigas?

Och är en sådan död alls något straff?

Tänk om det faktiskt finns något sådant som ett strålande rike bortom döden? Vi vet att livet här på jorden – speciellt för mördaren – kan bli ganska prövande. Avrättningen kunde då innebära en snabb lättnad för honom.

Framför den där sortens Jesus kommer han säkerligen att anklagas för att ha tagit ett liv, men bevärdigas han inte en viss nåd eftersom hans eget liv stals sammalunda? Kanske jämnar det ut hans himmelska balanser?

Det var näppeligen vårt rättssystems avsikt.

När en människa begår mord, betraktas det alltid som ett avskyvärt brott. När samhället, det mänskliga kollektivets apparatur, gör detsamma, då kallas det rättvisa. Man kan fråga sig om den där sortens Jesus håller med.

Exkluderar han verkligen denna organiserade form av tagande av liv från sin kategori av aja-baja?

Om inte, då är det en hel hoper människor som har en del att förklara, när tiden är kommen för den slutliga genomgången.

Ett antal yrken och befattningar är involverade i avrättningen, vilka deltar mer eller mindre direkt. Jag antar att den där sortens Jesus inte bara rappar den hand som slog på strömmen, eller tryckte av skottet, eller lösgjorde bilan.

Eller gör han det?

Om han inte nöjer sig med att kröka ögonbrynen blott inför avrättningens slutgiltiga verktyg, då kan saker och ting bli en smula komplicerade.

Det kräver inte ett övermänskligt långsökt resonemang för att varenda en av ett lands invånare, som inte protesterar mot dödsstraffet, ska betraktas som skyldig till varje avrättning. Medhjälp till mord, som det heter.

Är vi det?

Människors lagar, vilka tenderar att vara strängare än vi har skäl att anta Gudarnas vara, de skulle säkert komma till den slutsatsen. Men det gudomliga perspektivet – som är mer komplext, måste man erkänna, och har betydligt mer information att ta hänsyn till – skulle kunna ge en annorlunda bild.

Är det möjligen så att i deras perspektiv finns bara en skyldig, bara en ytterst ansvarig:

Bödeln.

Det är ju til syvende og sidst hans hand, utan vilken inget myndighetsframkallat mord ägde rum. Vem annan, i detta nätverk av medverkande, är lika oumbärlig?

Människor med de längsta titlar och tyngsta poster må utfärda det ena dekretet eller det andra, den mest ärevördiga samling av vise och lärde må nå det mest oomtvistliga domslut – utan någon som utför straffet kommer inget alls att hända.

Utan bödeln blir det naturligtvis ingen avrättning, om inte varje dömd är så dygdig som antikens Sokrates, och frivilligt tömmer giftbägaren – oavsett om han håller med om domslutet eller ej.

Samurajerna i forntida Japan visade ofta prov på samma förvridna självdisciplin som Sokrates – i seppuku, deras rituella självmord med svärdets hjälp. Det lydiga självmordet.

Dock ställde deras metod till med ett spektakel så motbjudande att man misstänker det ha varit ett uttryck för någon slags kritik av systemet. Se mig dö, och tänk!

Men samhället har råd med många så måttliga uppror.

Hur som helst är detta tveeggade hjältemod sällsynt. En bödel höves för att andra än de noblaste av oss ska lämna jordelivet på befallning.

Utan bödelns verkställande kraft är dödsstraffet alls inget straff. Ingen domare skulle nöja sig med att döma brottslingen till:

'Döden... om jag får be.'

Därför är bödeln den betvingande kraft som varje domstol kräver. Och han är mördarens mördare.

Om han inte hävdar att domstolens visdom är av gudomlig art, och därför med gudomlig rätt – då finns bara ett försvar, genom vilket en mängd tveksamma gärningar har utförts och kommer att utföras:

'Jag gjorde bara mitt jobb.'

Ett sådant argument förmår föga inför själva skaparna av livets och dödens lagar – nämligen själva skaparna av liv och död.

Jaha, han gjorde sitt jobb – men var han tvungen? Det finns andra yrken.

Och även om så inte är, skulle han i gudomliga ögon ha gjort klokare i att svälta. På så vis hade han förtjänat kalvstek i Himlen när han dog.

Är han inte beredd att lida jordisk pin för de principer Gudarna givit – då måste han bereda sig på konsekvenserna i det nästa riket.

Låt oss anta att bödeln är den enda person som Gudarna finner skyldig, och låt oss anta – vilket jag allvarligt tvivlar på – att dödandet av vissa antisociala individer är nödvändigt för oss övrigas välgång.

Jag betvivlar det verkligen. Inte skulle väl Gudarna ha skapat en värld där det är nödvändigt att bryta mot deras strängaste bud?

Men låt oss, för tankegångens skull, anta att det är så.

Då blir bödeln frivilligt en fördömd i det efterkommande och därför, genom detta formidabla offer, i sanning ett helgon på jorden. Hjälte bland de levande och evigt förtappad därefter.

Gjorde han en bra affär?

Förvisso är vi människor så fästa vid varandra, så passionerat länkade till vår art, att de flesta av oss gladeligen skulle ta på sig bödelns kåpa. Att hjälpa sina medmänniskor, fastän man därmed döms till evig förbannelse – vilket martyrium är grandiosare?

Hur mycket enklare är det inte att utsätta sig för varje tänkbar plåga på jorden, den lilla tid det varar, i trygg förvissning om pris i den evighet som väntar där uppe.

Folk som tror på ett liv efter detta brukar förbereda en behaglig vistelse där. Och folk som inte gör det, de suger i sig allt de förmår av vad jordelivet har att erbjuda.

Men måste inte den där sortens Jesus förtjusas inför honom, som medvetet ger sig själv de sämsta korten.

Det sägs att för att döma rättrådigt, måste man känna till alla omständigheter. Men det tycks mig snarare som att ifall man gör det, då kan det mycket väl bli omöjligt att nå ett domslut.

Det krävs verkligen en Gud för att våga döma, när man tar i beaktande situationens hela komplexitet. Om gudomlighet är någon garanti för en rättvis dom, däremot – det återstår att se.

Kanske undviker den där sortens Jesus att döma praktiskt taget alla förbrytelser, inte av medlidande, utan av en känsla av inkompetens.

En annan form av socialt sanktionerat mord än avrätt-
ningen, och långt mer effektiv, är krig.

Kriget har sina egna så kallade etiska lagar, vilka
av nödvändighet är betydligt mer summariska. Det fri-
ande eller fällande utslaget hänger på en enda, avgö-
rande detalj:

Klädseln.

Vän eller fiende. Kläderna gör mannen.

Soldatens ursäkt, vilken rank han än har, för att delta i
detta formidabla frosseri i ändande av folks liv, ligger
inte långt ifrån vad fredstida bödlar har att säga till sitt
försvar. Soldatens ordval:

'Jag lydde bara order.'

Som duktiga vakthundar gör.

Nå, fastän högt uppskattad i de flesta sammanhang, är
inte lydighet ett carte blanche, varken för hundar eller
människor. Allraminst för människor.

Det finns ett val – till synes alltid, i detta förvirring-
ens universum. Olyckligtvis finns det ett val.

Fastän priset är högt väljer faktiskt många soldater att agera i enlighet med dekreten från den mest avlägsna världen. Och i krig befinner sig sannerligen Himlen så långt borta som någonsin möjligt.

Mängder av soldater vägrar att lyda när de beordras att skjuta medlemmar av sin egen art, fastän dessa bär annorlunda kläder. Tyvärr dock långtifrån tillräckligt många.

Den där groteska farsen Vietnamkriget gav ifrån sig en del förtjusande statistik. Tydligen sköt den amerikanska arméns soldater nio av tio kulor långt ovanför huvudena på folket med fel sorts kläder, och avsåg aldrig att träffa dem.

Hur fega de än kände sig då, är jag säker på att minnet kommer att få dem att rodna av stolthet när de en gång möter den där sortens Jesus.

Fienden siktade inte lika högt.

De hade anledning, en motivation som de amerikanska soldaterna desperat saknade. Men vad blir slutsatsen i det yttersta riket? Kommer skälen att väga lika tungt där?

Idén att försvara sitt land mot inkräktare, måste vara ganska alienerad i det rike som inte känner några nationaliteter och som välkomnar absolut alla.

Ett riktigt underhållande försvar, som många soldater brukar ta till, är:

'Det gällde honom eller mig.'

Gudarna skulle inte tveka en sekund att svara:

'Än sedan?'

Du offrar någon annan för dig själv, eller dig själv för någon annan. Så ser matematiken ut.

Bara den, som har en total övertygelse om ett liv efter detta, kan klandras för att ha valt det senare alternativet.

Å andra sidan – är hans övertygelse om de Himmelska lagarna verkligen orubblig, då borde han känna sig skyldig att välja det förstnämnda och skjuta, för att förneka sig själv den lätta vägen ut, och för att inte göra sin medmänniska till en syndare.

Vem vill bli domare i Himlen?

Ärligt talat tror jag inte att det är något problem för Gudarna. De betraktar inte omständigheterna runt våra handlingar, utan helt enkelt våra sinnens uppriktiga uppsåt.

Våra hjärtan, som vi brukar säga – de ser till vad våra hjärtan säger.

Vilken härva medvetandet än kan göra, av våra tankar och syften, så är graden av vår uppriktighet alltid uppenbar för Gudarna. Vårt innersta syfte, drivkraften bakom dådet, kan inte hållas dold för våra konstruktörer.

Vanliga dödliga, dock, kan inte läsa så finstilta diagram med någon större tillförlitlighet – om vi alls kan läsa dem. Vi måste hålla oss till de mindre diskutabla omständigheterna. Deckargåtors ständiga who-dun-it, till att börja med. Redan här börjar vi ofta sväva.

Och sedan mer eller mindre inspirerade gissningar om varför.

Inte ens det är någon säker rutt av ställningstaganden.

Även när vi med säkerhet kan berömma oss om att

känna till de faktiska omständigheterna, med allraminst till visshet gränsande sannolikhet, kräver domslutet föga mindre än geniers mentala kapacitet.

Och vi är praktiskt taget aldrig så säkra på våra fakta.

Dessutom gör vi åtsskillnad mellan olika grader av ill-vilja i olika former av mord. Olikheter i fråga om metod såväl som i motiv.

Det kan vara dråp, i passionernas fyrbål eller i plötslig vrede, och det kan vara planerat mord av första graden – eller ett antal nyanser mellan dem. Det kan också vara fråga om självförsvar eller en akt av förvirring, där mördaren sägs vara mindre ansvarig för sina handlingar.

Men är allt detta verkligen relevant? Det är jag inte så säker på.

En person jag känner råkade ut för en olyckshändelse när han var ungefär tjugo år.

Tillsammans med två unga vänner spankulerade han sent på natten omkring i det förortsområde, där de hörde hemma. Det var vinter, mellan jul och nyår. Snön täckte marken. De flesta höghusfönstren låg i mörker och tystnaden fick stå oemotsagd.

En narkoman, sådär fem år äldre än de och uppenbarligen hög på ett eller annat, kom gående rakt emot dem. Snart var de inbegripna i ett häftigt gräl, bollandes hotelser mellan sig, och plötsligt drog narmkomanen upp en kniv.

Nu var det en av de tre ungdomarna som lyckades sparka kniven ur hans hand, en annan fick fatt i och slängde den, i ett ögonblick av oturlig förvirring, till den tredje.

I samma ögonblick som han höll kniven i ett säkert grepp, rusade han fram och högg narkomanen i bröstet. Sju gånger.

Narkomanen dog med en gång.

De sprang därifrån, men inom tjugofyra timmar hade polisen häktat alla tre och hela saken kom inför domstol.

Fakta var klara nog – vem som dödade vem och varför och sådant. Men domstolens bedömningsgrunder blev mer komplicerade än så.

Först och främst var det, i det närmaste, självförsvar. I det närmaste, på så vis att det kunde förklara det första hugget, kanske också det andra.

Men alla sju? Knappast.

Sedan fick de reda på något:

Den anklagade led av sockersjuka och läkarna förklarade att personer med denna sjukdom kan översvämmas av ett okontrollerbart raseri, om de befinner sig i en väldigt stressande situation.

Därför kunde han inte betraktas som helt ansvarig för sina handlingar. Han frikändes och skickades till psykiatrisk vård, för observation och behandling.

Efter några månader fick han åka hem.

Han har förresten skött sig utmärkt sedan dess.

I själva verket fick jag intrycket att hans två ledsagare, vid natten för dråpet, påverkades mer av incidenten. Så vitt jag kunde se hade de tuffare brottningsmatcher med sina samveten än dråparen själv.

En av dem berättade faktiskt för mig, härom dagen när vi råkade komma att tala om olyckshändelsen, att han då gjort upptäckten att döden smittar.

När narkomanen ymnigt blödande föll ihop på gångvägen, då kunde min vän inte slita sig. De andra ropade till honom att springa sin väg, men han stod raklång kvar och stirrade på offret, och kände hur han ofrivilligt lutade sig allt brantare, på gränsen att falla framstupa. Inom honom var det något som virvlade otåligt runt och ville ut. Livet.

Det var ytterligt nära att han hade härmat narkomanen och fallit ner precis lika död.

Att hålla sig vid liv är en ständig kamp, ack så frestande att ge upp.

Alltfort:

Om domstolens uppgift endast är att finna det korrekta straffet för den som ändat en annans liv – måste då inte den moraliska slutsatsen alltid vara densamma? Antingen är det fel att döda, eller inte.

Om det är fel, då borde det bara finnas ett straff, ett och detsamma för alla omständigheter – helt enkelt därför att brottet är detsamma.

För offret är allting annat en förolämpning.

Men naturligtvis har domstolen ingenting att göra med synd och straff. Det är bara ett spel.

Dödandet betraktas inte som omoraliskt. Så enkelt är det inte, vilket tydligt visar sig i bödelns och soldatens exempel. Som i så många andra mänskliga regler och lagar, är den avgörande omständigheten inte 'vad, utan 'vem' – dolt bakom ett 'varför'.

Rättssystemets verkliga syfte är inte att verka för offrets rätt, utan för alla andras trygghet och välbefinnande – särskilt, förstås, välbefinnandet hos dem som grundat och upprätthåller lagarna.

Vi söker inte den dödes upprättelse, må han vila i frid, utan de levandes skydd.

Det är vad domstolen i själva verket har att bedöma, fastän spelet ibland gör saken en smula förvirrande och slutsatserna vilsna.

I diabetikerns fall, till exempel, antar jag att domstolen – lyckligtvis – blev förförd av sin egen låtsaslek, när de frikände en person som mycket väl kunde få ett nytt utbrott av samma slag, att döma av läkarnas yttrande.

Bävade de inför en fällande doms krav på åtgärder mot alla människor med samma potential – det vill säga mot alla sockersjuka?

Kanske tänkte de att han förmodligen bara skulle vara en risk för narkomaner och likartade. Bara när han provocerades.

Narkomaner anses nu inte särdeles värdefulla i jordelivet. När människor i ett eller annat socialt trångmål förintar varandra, kallar polisen det självsanering. Kanske hoppades de rentav att han skulle bli ett litet reningsverk på orten?

Men där bedrog han dem. Nu ägnar han sig i stället åt att skapa liv. Balans.

Hämnden är inget mänskligt ansvar. Vi har fått veta att Gudarna vill ha ensamrätt på hämnden. Och vi fogar oss – fastän kanske mer av bekvämlighet än av lydnad.

Vi rycker upp de plantor vi betraktar som ogräs ur vår trädgård, inte för att utrota dem, utan för att skydda rosorna. Vad mer kan vi göra, än att odla vår trädgård?

Och inte ens det sköter vi särskilt förträffligt. Domare är vi inte skapta till att vara. Vem kan någonsin rättmätigt kasta första stenen?

Ändå blir åtskilliga människor stenade. Jag undrar hur.

En hypotes helt utan grund, ändock givande, är idén om ett universum utan Gudar. En Himmel bestående blott av troposfär, stratosfär, mesosfär, jonisfär och sedan vakum.

Jag vet att en sådan tanke är absurd, men låt oss ändå följa den en stund. Jag ska försöka göra den stunden så kort som ämnet förtjänar.

Om det inte finns någon Gud och inget annat liv efter döden, än molekylernas vandring från ett djur, genom mylla och växter, in i nästa – ändrar det på livets och dödens lagar? Kommer de etiska aspekterna på till exempel mord att bli annorlunda?

Nej.

Fastän inget mer behöver sägas i detta ärende, överväldigas jag av – måste erkännas – resonemangets trösterika slutsatser, och vill smeka det ytterligare med mina ord. Längre ner, som man säger.

Himlens och helvetets, det godas och det ondas, lagar skulle inte ändras ett uns. Här är orsaken:

Mord

Vad som är bäst för Gudarna, oavsett om de är verkliga eller ej, är bäst också för människorna. Vad Himlen önskar är det förnämsta alternativet för jorden.

Ja. Kunde vi bara uppfylla Himlens önskemål, utan knep och själviskt förvridna tolkningar, då skulle jorden snart bli en uppehållsort som inte stod den det minsta efter.

Följdriktigt anar man att Himlen inte är något annat än den optimala utopiska visionen av vad de levandes värld skulle kunna bli. Och Gudarnas lagar är inget meritsystem för de döda, utan en bruksanvisning, gör-det-själv, över hur man gör Utopia till verklighet i de levandes värld.

Vi behöver bara läsa och följa bruksanvisningen korrekt, för att snabbt nå dit.

Jag tror att det kommer att ske. Jag ber att det ska ske.

Härda ut, ber jag också, eftersom jag inte kan motstå att upprepa detta:

Vad som är bäst för Gudarna, oavsett om de existerar eller ej, är också bäst för människor.

Kunde vi bara uppfylla Himlens önskemål, utan några knep eller själviska vantolkningar – och historien avslöjar att detta är den svåraste av uppgifter – då skulle jorden snart vara en plats som inte är det minsta underlägsen sitt upphöjda föredöme.

Ja, kanske är Himlen den utopiska visionen av en möjlig värld för de levande, och Gudarnas lagar en bruksanvisning för att nå dit.

Utopia. Vore inte det underbart?

Konstigt nog finns det de som säger nej.

V i skämtar ofta om Himmelska ting och kallar dem ytterligt naiva. Ett paradis på jorden, säger vi, skulle i själva verket bli tråkigt.

Nonsens.

Förvisso är vår bild av helvetet betydligt mer upphetsande än den vi gör oss av Himlen.

Såsom i Disneyfilmen Fantasia, där djävulen dyker upp i flammande prakt, omgiven av horder av nakna män och kvinnor som sysslar med intresseväckande otillbörligheter. Och biosalongen fylls av dånande musik.

Den Himmelska domänen, däremot, skildras med en högstämd kö av gråaktiga munkar, som vandrar längs ett dystert landskap, ackompagnerade av sömniga toner. Var och en av de identiska små munkarna bär ett stearinljus, som inte förmår mycket mot scenens andliga natt.

Om det ligger till så, om detta är en adekvat beskrivning av Himlen och helvetet – vem skulle då inte välja att spendera evigheten i de lägre regionerna?

Men det är inte så.

Ärligt talat – vad kunde man vänta sig från Walt Disney?

Saligheten är vad den är, oändligt ojämförlig. Bortom ord, bortom varje världslig beskrivning. Det är inte helvetet.

Där är haken. Precis som en värld av hjältar och deras krigiska eskapader, gör sig helvetet bättre på bio. Men det är dess enda fördel.

Himlen är något helt annat.

Vi vet, eller hur?

Någon gång har vi alla smakat det. Det låter Gudarna – de undflyende – oss få:

En smakbit av Himlen och av ljuv salighet.

Varän och när än den kommer till oss, blir vi förstummade. Och resten av våra liv, oavsett hur många år oss gives, kommer att skilja sig från hur det var dessförinnan.

Ett sådant smakprov borde onekligen räcka, för att man ska leva i evig visshet om vad som bör prisas och vad som inte bör det.

Fredens problem är inte olikt oklarheterna med Himlen och helvetet. Det är praktiskt taget en fråga om semantik.

Ordet 'krig' har en uppenbar, kraftfull betydelse. Det andas tusen påträngande detaljer och vad Hollywoods filmindustri kallar special effects.

Ordet 'fred', däremot, är blott en negation, ett passivt ting. När man betänker hur ordet fungerar i våra sinnen, skulle det mycket väl kunna ersättas med 'okrig'.

Krig och inget krig.

Inte undra på att freden har svårigheter med att vinna uppskattning, så fort den inte lyser med sin frånvaro.

Och inte undra på att kriget blir en sådan besatthet i sinnena på både de som hävdar dess nödvändighet, av ett eller annat nobelt skäl, och de som undantagslöst fördömer det.

Ja, de flesta hjärnor blir besatta av kriget. Likaså våra samhällen, vilka egentligen inte är något annat än våra hjärnors manifestationer, faller i samma fälla.

Vi finner det omöjligt, i det långa loppet, att inte frossa i krig.

De svenska författarnas fredsorganisation – som karakteristiskt nog kallar sig Författare mot kärnvapen – ville för några år sedan sammanställa en bok om fredens glädjeämnen. Den skulle vara en inspiration för fredsarbetet och bestå av en konstnärlig form av katalog över alla fördelar med att leva utan krig.

Ett antal författare bidrog med dikter, noveller och sådant, där kriget skulle vara totalt utelämnat. Bara fredens oskattbara välsignelse, i valfri aspekt, fick skildras.

Jag deltog själv, måste jag erkänna, med en kort text om glädjen i att vakna – en glädje av ofta ganska ambivalent slag, naturligtvis, men ändå alltid att föredra framför att inte alls vakna upp. Eller så ser vi det, i alla fall.

Ärligt talat har jag ingen aning om hur det är att inte alls vakna upp.

Projektet misslyckades fullständigt.

Utan den krigets kontrast, lyckades ingen författare göra sin skildring attraktiv. Själv hade jag också gjort samma tabbe i mitt lilla prosastycke. Jag behövde kontrasten – om än outtalad – i att inte vakna, för att göra uppvaknandet tillräckligt ljuvt.

Bildkonstnärerna, som ombetts att illustrera boken, hade genast blivit klara över svårigheten och vägrade därför från början att medverka.

Det vore som att försöka teckna med bara vitt, förklarade de. Ingen svärta alls. Vad för slags teckning kunde det bli?

Men de hade fel, de var lika vilseledda som Walt Disney. Svart är inte krig, inte ondska – inte heller är vitt nödvändigtvis gott.

Krig är krig. Fred är betagande fred.

Författarnas fiasko var inte den oundvikliga följden av en paradox, utan av deras otillräckliga konstnärskap. Freden ska inte dömas därefter. Författarna, de stackars satarna, ska däremot det.

Fastän vi ofta glömmer det, är vi blott människor. En del konstnärliga bragder kräver mer än så.

Bildkonstnärernas självpåtagna oförmåga skilde sig inte mycket från författarnas fiasko. Genom att förklara det omöjligt, utan att alls försöka, bekände de sitt främlingskap inför en central detalj, som gör all skillnad i världen.

En detalj, vari lösningen på problemet ligger:

Skönhet.

I skönheten gömmer sig – ja, gömmer sig – fredens oemotståndligaste charm. Och skönheten kan vara en sjudundrande special effect.

Är det inte underligt i ett land som haft fred ända sedan 1809, i nästan två århundraden, att dess konstnärer ska vara oförmögna att skildra denna lyckliga särart?

Nej, det är inte underligt.

En av människoartens mest tragiska mekanismer, är tidsgränsen för våra minnens livaktighet. Oavsett hur horribla de är, tenderar våra minnen att blekna redan efter några år. Två århundraden kunde få Domens dag att falla i glömska.

Och reguljära mänskliga krig har nog kortare livslängd i folks medvetanden än ett Armageddon. Sålunda glömmer vi raskt krigets fasor och tenderar att längta efter något – vad som helst – som rycker oss ur vardagslivets trista monotoni.

Och det dröjer inte länge förrän vi får just det – vad som helst.

Bara en dåre kan undgå att, omedelbart och överväldigande, inse härligheten i ordet 'fred'. Bara en komplett dåre kan längta efter att den någonsin ska ta slut.

En sådan dåre, dock, behöver inte känna sig ensam.

D

et finns många färgstarka aspekter på mord, i ett spektrum som täcker alla nyanser från den oturligt dödande snytingen utanför en bar om natten, till den moderna krigföringens massaker. Den mest imposante och ojämförligt erfarnaste av jordelivets alla mördare är dock naturen själv.

Den mor vi kallar Naturen är kollossal både som donator och inkasserare av liv. Precis som vi föredrar att betrakta oss själva.

Men där vi i regel måste arbeta som galningar för att få livet att fly en enda varelse, behöver Moder Natur endast skaka på sin kropp och vips, sveps tusenden bort.

Vår bomb är mäktig, onekligen, och ger ett förödande oväsen ifrån sig – men i jämförelse med en tyfon av ganska alldagligt format, eller jordbävningar långt ifrån rekordnivåer på Richterskalan, då är den ändock futtig.

I perspektiv av sådan ståtlighet befinner vi oss ännu bara i lekskolan. Fastän vi vill tro oss om att avancera hastigt i vår utveckling, har vi en lång väg kvar innan vi åstadkommer något lika förödande.

Gud ske lov.

Mord verkar vara vad hela ekologin handlar om.

Vi är allihop blott jägare och villebråd. Äta eller ätas. Ingen kan undfly detta gladiatorspel, vars regler verkligen hånar den som nobelt sänker sitt svärd – bara för att få huvudet kvickt avhugget och bli serverad som sin fiendes kvällsvard.

Om ett så nobelt offer vore vad Gudarna krävde av oss, då måste de ha förutsett de renhjärtades snabba utrotning, till förmån för överlevande bestars skuldbörda och fyllda magar.

Nej, den enda begränsning som Gudarna tycks sätta på detta nätverk av mord är att hålla det utanför familjen, så att säga:

Döda inte inom din egen art.

En del människor menar att lagen borde sträcka sig längre. Vegetarianer hävdar ofta att skälet till att bannlysa all fauna från tallriken, är det omoraliska i att döda levande varelser. Varelser som lever och kan känna smärta.

Nå, borde inte det innefatta också växterna?

De lever, förvisso, vilket bevisas av den drastiska förändring de går igenom om man inte vattnar dem tillräckligt. Och somliga säger, efter att ha kopplat dem till – av alla ting – lögndetektorer, att växter förvisso uppfattar sin omvärld och kan känna smärta, precis som djuren.

Kanske är den enda skillnaden mellan flora och fauna bara deras former av kommunikation. Till att börja med är växter betydligt långsammare.

Om växter är lika mycket levande som dur är, då borde en nobel karaktär avstå också från dem i sin meny. Genom ett sådant resonemang blir tyvärr hans diet raskt sparsmakad.

Frukter borde duga, antar jag. De är vad växterna producerar just för att bli ätna av djurriket – så länge inte kärnorna förstörs.

Ingen nöt, ingen kärna.

Tanken att leva enbart på frukt är beundransvärd – men är sådan kost tillräckligt näringsrik? Och skulle vi inte snart, om denna diet fick spridning bland människor, tvingas odla växter till och med mer hänsynslöst än vi gör nu – bara för att få deras frukter att räcka till? Det skulle inte fungera.

Varför kan vi inte leva på enbart solsken?

Egentligen är ju allt bara en fråga om energi.

Vad man säger gäller för för universum i sin helhet, att den totala mängden energi alltid måste förbli densamma, det gäller också för människan. Vad jag förbränner, för att hålla kroppstemperaturen och för att spankulera omkring, det måste jag återvinna. Men varifrån jag får min energi – det har ingen betydelse.

Utsikten att leva på piller, på helt konstgjorda vita-
miner och proteiner, är inte alltigenom motbjudande.
Att leva utan att behöva döda, bara genom att blanda
den ena och den andra kemiska substansen. Artificiellt,
som man säger. Varför inte?

Kanske kommer vi en dag att göra det.

Men fortfarande kommer inte mord att vara bortsopat
från jordens yta. Nej, den minst medgörlige av alla mör-
dare går fortfarande lös. Vem då?

Gud, förstås.

Det intrikata biologiska maskineri som människan utgör, tillåter i själva verket en betydligt längre levnad än vi någonsin får.

Alla kroppens celler, utom nervsystemet, förnyas i en sådan takt att vart sjunde år är hela kroppen regenererad. Utbytt från topp till botten.

De enda irreparabla delarna av kroppen är nerverna och hjärncellerna, som ändå borde räcka till för en längre period än det hundratal år vi som mest får till vårt förfogande.

Vetenskapsmännen är förbryllade.

Varför blir vi gamla? Varför sätter åldrandeprocessen in, utan att vara av naturen påkallad?

Oavsett hur noggranna vi är med vår diet, eller hur vi håller efter våra kroppar med konditionsträning och raffinerad läkarvård – med tiden sätter ofelbart den automatiska nedbrytningen igång, alltid med dödlig utgång.

Gudar döljer sig bakom detta, förstås. Mord av gudomliga proportioner.

De har tydligen bestämt sig för att vi ska vandra på jorden blott för en tid, och sedan – vad vi än gör, vad vi än anser om det – rövas livet gradvis ifrån oss. Sugs ut ur våra bröst.

Det låter sig dock inte göras utan en viss ansträngning från deras sida. Vi människor ger sällan ifrån oss vår värdefullaste ägodel frivilligt, speciellt inte till så und-flyende väsen som Gudarna.

De måste kämpa.

I många fall är kampen så ojämn att det tar föga mer än ett enda hugg mot hjärtat, för att livet ska skutta ur en människas bröst och striden vara över. Men i vissa fall måste Gudarna kavla upp ärmarna och använda sig av alla knep de kan, för att lyckas.

När det gäller somliga av de människor som vand-rat på jorden, är jag säker på att segern blev synnerligen kostsam.

Eftersom de är allvetande, måste Gudarna vara förbe-redda på dessa svårigheter. Med några av oss tycks de också smida sina ränker i mycket god tid, och försäkra sig om kampens utgång genom att begynna den långt i förväg. Ibland så tidigt som vid vissa mäns och kvin-nors själva ankomst till jordelivet.

Jag har vänner som berörs mycket tydligt av sådana gudomliga försiktighetsmått. Viljestarka och betagna av livet, är de alla.

Ödet slår dem med månget kraftfullt slag och har

så gjort sedan de föddes. Gudarna håller sig tydligen inte för goda, för de i lömskom tillskansade övertagen.

De gudomliga syftena bakom dessa människors olyckor måste vara att trötta ut dem inför den avgörande striden. Att bryta ner deras motståndskraft.

I själva verket är det nog rimligt att anta att gudarna, mer eller mindre, tillämpar samma strategi på oss alla. Livet tillåts inte vara enbart glädje och gamman, för att vi inte ska binda oss alltför hårt till det.

Kan det vara förklaringen till allt lidande som pågår här? En försiktighetsåtgärd.

Ändå är det några av oss, som reser sig efter varje hårt slag – lite starkare än de var innan. Ja, somliga är verkligen en svår match för Gudarna.

De vinner ändå alltid, till slut.

Varje människas liv, hur kärt det än är henne, besegras slutligen och rycks bort. Varje stolt rygg kröks och varje hårt grepp slinter sedermera.

Varför är Gudarna obesegrade?

Helt enkelt därför att de inte slutar förrän de vunnit. Tiden är på deras sida, och den är – även för Gudarna – den mäktigaste av bundsförvanter.

De har gott om tid.

Nåväl, det är inte hela sanningen. En till medbrottsling finner de. Ytterligare en hjälpare i deras dåd, och den avgörande:

Offrets medgivande.

Liksom i varje annat mord, oavsett vilken gigant som håller yxan, måste offret med någon del av sitt hjärta tillåta det.

Och det gör vi, med tiden ganska villigt. Vi låter våra liv stjälas ifrån oss. Även de mest passionerade, de mest euforiskt livstörstiga gör det.

Fastän mirakulöst, blir livet med tiden en smula trist, eller i alla fall tröttande.

Inte i våra kroppsceller, kanske, fastän de tycks förlora sin spänst med tiden. Men i våra sinnen. Möjligen just i de substanser som aldrig förnyas?

Så en dag lutar vi oss tillbaka och blottar våra strupar och förkunnar att nu, nu kan det vara nog.

Inte ens av de delikataste maträtter kan man äta obegränsade mängder. Fast vi fortfar att betrakta de serverade läckerheterna som synnerligen smakliga, skjuter vi tallriken ifrån oss och sluter våra läppar.

Då står det Gudarna fritt att genomföra sin stöld.

Det slår mig att Gudarnas enda skäl för intolerans mot mord bland människor, kan vara att de vill ha det nöjet reserverat för sig själva.

Ja, det finns njutning på båda sidor om dolken:

Upphetsningen hos den som utför dådet – en upphetsning som ligger i tillfredsställelsen av att göra något oåterkalleligt. Och lättnaden hos den som mottar dolkstöten och därmed får lämna jordelivet på ett av de få sätt som inte framkallar någon som helst skam inför den där sortens Jesus.

Stor njutning.

Jag antar att mord, utfört vid en välvald tidpunkt, kan vara en närmast extatisk form av samlag mellan de två inblandade. Eller onani, om det gäller självmord.

Med Julias ord – den unga flicka som älskade så högt och hett att det vore omöjligt för henne att slå sig till ro i ett livslångt äktenskap:

Oh, happy dagger!

Men hon talar om den enda som inte gläds åt akten. Eller gör hon inte det?

Kanske är mordinstrumentet – fastän förnekat ett eget ord i laget – lika förtjust som de andra inblandade. Vem vet egentligen säkert att verktyget inte finner någon tillfredsställelse i att deltaga? Att vara oumbärlig för mordets genomförande, och ändå oskyldig till det.

De är inte så långt ifrån bödelns roll, med undantag för den senares möjlighet att välja – vilket naturligtvis gör all skillnad i världen.

Vilken är egentligen instrumentets upplevelse, om någon?

Ja, i sanning, om hänsyn tas till varje aspekt – är inte det vad vi allihop är, Gudar och människor, precis som de föremål vilka anses vara själlösa:

Blott verktyg.

Kanske var en gång Gudarna såväl igångsättarna som de allsmäktiga, nyckfulla härskarna över dessa spel. Men nu, efter eoner av komplex interaktion, måste de vara lika urskiljningslöst inblandade som alla andra. Vi gör allihop vad vi måste, och bereds blott ett val:

Att roas av det hela, som goda förlorare, eller att lida och klaga i varje ögonblick, från start till målsnöre.

Och vad är det för val?

Ja, ibland begrundar jag mord. Men begår jag det?

Nej.

Jag behöver inte. Det är nog, som det är. Sannerligen.

Nog!

www.ingramcontent.com/pod-product-compliance
Lightning Source LLC
Chambersburg PA
CBHW051843040426
42447CB00006B/668